Ralf M. Ruthardt | WortFluss

Ralf M. Ruthardt

WortFluss

Menschen. Impressionen. Lyrik.

Edition **PJB**

© 2024 Edition PJB
Umschlaggestaltung: Ralf M. Ruthardt
Illustrationen: Ralf M. Ruthardt
Satz: Johanna Conrad
Gesetzt aus der Franklin Gothic Book
Vertrieb: Buch&media GmbH
Printed in Europe · ISBN 978-3-9825749-7-4

Kontakt: Buch&media GmbH
Merianstraße 24 · 80637 München
Fon 089 13 92 90 46 · Fax 089 13 92 90 65
E-Mail info@buchmedia.de

Man sollte von Zeit zu Zeit von sich zurücktreten,
wie ein Maler von seinem Bilde.

Christian Morgenstern

Für Viktoria und Jona

MEIN VORWORT

Kein Mensch braucht Lyrik, oder? – Meine Antwort, die ich vor einiger Zeit noch gegeben hätte, behalte ich an dieser Stelle für mich. Belassen wir es bei einem selbstironischen Augenzwinkern.

Heute kann ich aus Überzeugung sagen: Lyrik in all ihren Ausdrucksformen wohnt eine Wirkung inne. Lassen Sie es mich differenzierter formulieren: Lyrik *kann* Impulse setzen. Lyrik *kann* zum Nachdenken anregen. Gefühle *können* geweckt werden. Lyrik *kann* Widerspruch provozieren.

Dies ist mein erster Lyrikband. – Es geht mir in meinen Texten um das Hinterfragen des gesellschaftlichen Mit- und Gegeneinanders. Ideologien, angeführte Argumente und gemachte Erfahrungen sind zu besprechen. Es geht darum, mächtigen, einflussreichen oder schlicht lauten Menschen auf den Mund zu schauen und gegebenenfalls zu widersprechen.

Auch darum geht es: sich dem eigenen Spiegelbild zuzuwenden. Denken wir über uns selbst nach – auch dann, wenn es mühsam ist oder unangenehm wird. Lassen wir von Lyrik unser Augenmerk auf die Teile der Gesellschaft lenken, die sich im Abseits medialer Wahrnehmung befinden. An anderer Stelle wechseln wir die Blickrichtung hin zu den Menschen, die uns sehr nahestehen.

Kultur ist relevant für eine Gesellschaft. In allen Kulturen gilt das Wort als zentral für die Entwicklung des menschlichen Miteinanders. Man kann sich auf viele verschiedene Arten ausdrücken, und Lyrik ist eine davon – und sie ist ihrerseits vielfältig.

Lassen Sie uns über meine selbstgestellte literarische Aufgabe sprechen und uns dabei auf diesen Lyrikband fokussieren:

Ich gehe durch einen Wald von Erfahrungen und Erkenntnissen. Zwischen den Bäumen begegnen mir Worte und ich greife mir diejenigen heraus, die sich mir in den Weg stellen. Manchmal geht es grob zur Sache. Schließlich muss der eine oder andere Baum der Erkenntnis verbal gefällt werden. Sonst gibt es kein Brennholz – und auch kein Möbelstück. Jedes dieser Gewerke, vom Waldarbeitenden bis zur Schreinerei, ist notwendig. Bäume werden wieder aufgeforstet.

Jedenfalls sehe ich mich heute bei den besagten verbalen Baumfällarbeiten und fühle dabei intensiv Erfordernis, ja, geradezu die Notwendigkeit, damit etwas in Gang kommt und etwas entsteht, etwas einen Nutzen hat. Mit diesem Lyrikband möchte ich einen Beitrag zu guten Gedanken leisten.

Herzlichst
Ralf M. Ruthardt

Anmerkung: In den Gedichten wird oftmals gegendert. Man darf es als freundliche Geste an die Menschen gerichtet verstehen, die Wert darauf legen. Es ist ein Entgegenkommen, wie der Weg über eine Brücke. Je nach eigenem Standpunkt sind Sie eingeladen, mitzugehen oder mir entgegenzukommen.

Worte im Fluss

Sanft.
Jeder Tropfen Wasser glättet harten Stein.
Jahrtausende. Endlose Zeit.

Gewaltig.
Der freie Fall vom Felsenrand.
Hoch. Hinunter ins Tal.

Richtung.
Es geht hinab und hinaus.
Flüsse. Speisen die Meere.

Leben.
Bedürftige Körper schöpfen reichlich.
Not. Wird gelindert.

Worte.
Wasser des Lebens.
Menschsein. Hoffnung – Liebe – Vernunft.

einfach Mensch sein

AM PUNKT

Meine Umwelt wahrnehmen.
Mit Genauigkeit.
Weil ich an ihr interessiert bin.
Ich bin konzentriert.

Meinen Blick weiten.
Der Übersicht wegen.
Weil ich differenzieren möchte.
Ich nehme mir Zeit.

Mein Urteil steht nicht fest.
Es soll Milde den Vortritt haben,
weil ich selbst der Nachsicht bedarf.
Ich bleibe ergebnisoffen.

Die Gedanken des Hermann aus Calw
habe ich in mir.
Als ob ich seine Stimme vernehme,
mahnend und ermutigend.

MITLEID

Dir zulächeln.
Kleine Wolken ziehen dahin,
Schafe auf der Himmelswiese.

Ich weiß,
dass Sympathie das eine ist.
Mitgefühl ist mehr,
viel mehr.

Dir zuhören.
Tupfer von Blüten schmücken das Grün,
ein Kunstwerk der Natur.

Deine Emotionen.
Lass mich mit dir fühlen.
Dein Leid will ich verstehen
und meinen Beitrag leisten, es zu lindern.

Dir helfen.
Ameisen gleich
unser soziales Immunsystem.

Hab keine Sorge,
ich belasse es nicht bei Worten.
Lerne mir zu vertrauen,
denn meinem Mitfühlen folgen Taten.

Respekt – Moral – Intelligenz

Intelligenz
bei Geburt erhalten
lässt mich im Rahmen
meiner Möglichkeiten:
vernünftig denken und zweckvoll handeln.

Moral
anerzogen
lässt mich im Rahmen
meiner Möglichkeiten:
dem Menschen zum Wohle handeln.

Respekt
aus Überzeugung
lässt mich im Rahmen
meiner Möglichkeiten:
wertschätzend und tolerant sein.

Mein Alltag
erinnert mich
an den dürren Ast
auf dem ich sitze.

Selbstbestimmung rettet

Die Lerche trällert.
Unvorstellbare Datenmengen.
Heutzutage kein Problem.
Exponentielles Wachstum.
Rechnerleistung & Speicherkapazität.

Winde umwehen die Erde.
Globale Vernetzung.
Allgegenwärtig.
Erreichbarkeit in kaum messbarer Zeit.
Mensch & Software.

Tonnenweise Krill in den Weltmeeren.
Warenströme von überall nach überall.
Eine Alltagserfahrung.
Frachter – eine Containerstadt auf See.
Unternehmen & Konsumenten.

Ein Wurm zieht weltweit seine Fäden.
Menschen nehmen Einfluss.
In aller Munde.
Viele Worte und konfuse Taten.
Umwelt & Klima.

Ein Schwarm autark in tiefer See.
Künstliche Intelligenz.
Für dich und mich verfügbar.
Neuronale Netze liefern Antworten und Ergebnisse.
Vorstellbar & unvorstellbar.

Der Tod der Blume ist der Strauß.
Deine Daten und meine Daten.
Praktischerweise abgegeben.
Aber in wessen Händen und zu welchem Zweck?
Beeinflussung & Diktat.

Farm der Tiere.
Rettung! Wo bleibt die Rettung?
Was ist das Heute?
Was bringt die Zukunft?
Der Wille zur Selbstbestimmung – ein Lichtblick!

Wahrnehmung im Alltag

Bei der Arbeit
nicht gesehen,
obwohl seit frühmorgens
mit Fleiß
dabei.

Da liefere ich
Tag ein, Tag aus
Paket um Paket ins Haus –
doch bin ständig
im Abseits.

Selten sind
ein freundliches Wort,
eine wertschätzende Geste.
Hartes Brot und abgestandenes Wasser
werden mir vor der Gourmetküche gereicht.

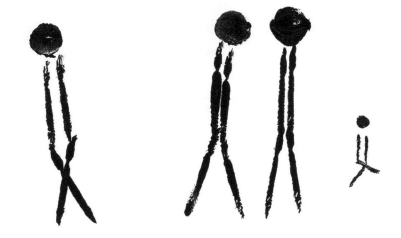

Gedanken – Worte – Taten – Sein

Solange ich Gedanken habe –
lasst mich denken.

Solange ich Worte habe –
lasst mich reden.

Solange ich gute Taten tue –
lasst mich tun.

Solange ich bin –
lasst mich sein.

ZUERST

Zuerst
ist ein Wort.
Freundlich.
Dann erst
kommt die Freundschaft.

Zuerst
ist ein Wort.
Sachlich.
Dann erst
kommt der Diskurs.

Zuerst
ist ein Wort.
Voll der Liebe.
Dann erst
kommt die Partnerschaft.

Zuerst
ist ein Wort.
Erfüllt von Hass.
Dann erst
kommt der Krieg.

Zuerst
ist ein Wort.
Über eine gute Zukunft.
Dann erst
kommt die Hoffnung.

Zuerst
sind die Sonnenstrahlen.
Die Kelche der Blüten öffnen sich.
Dann erst
wird Staub zu Honig.

Zuerst
ist ein Wort.
Wer spricht es?
Du oder ich?

Vier Jahreszeiten

Regen fällt.
Fällt auf die staubtrockene Erde.
Gras wächst.
Das Grün erfreut mein Gemüt.

Die Sonne scheint.
Bringt die Farben der Pflanzen zum Leuchten.
Wachstum und Vermehrung.
Die Buntheit erfreut mein Gemüt.

Die Kühe weiden.
Auf den Almwiesen hört man ihre Glocken.
Kultur spiegelt sich in der Landschaft.
Das Wandern erfreut mein Gemüt.

Sommerhitze macht träge.
Man macht eine Auszeit am See.
Ruhe und Entspannung.
Ein Buch erfreut mein Gemüt.

Das Laub verfärbt sich.
Es wird bunt in den Wäldern.
Endlichkeit widerspricht dem Alltagsstress.
Der Herbstwind erfreut mein Gemüt.

Nässe und Kälte weisen den Weg nach innen.
Wohlige Wärme und ein Tasse Tee.
Man ist mehr drinnen als draußen.
Die Familie erfreut mein Gemüt.

Mein Gemüt und dein Gemüt
ein Sammelbecken
geistiger und seelischer Kräfte
ist niemals leer und niemals voll.

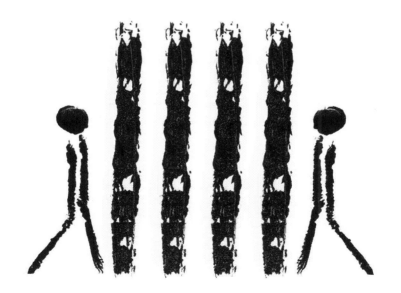

Vertrauen

Vertrauen:
bedingt Ehrlichkeit.

Vertrauen:
meint, einander unterstützen.

Vertrauen:
teilt gemeinsame Moralvorstellung.

Vertrauen:
braucht gute Erfahrungen.

Vertrauen:
festigt sich im Laufe der Zeit.

Vertrauen ist Luxus
den man sich leisten kann,
wenn man ihn sich in leisten möchte.

Das braucht's:
Jemanden, der des Vertrauens würdig ist.
Und dich, der du dich vertrauenswürdig erweist.
Samweis Gamdschie lässt grüßen.

Mensch@Global

Mehr Wohnraum und die Familie bei sich haben.
Einen Motorroller und keine zwei Jobs.
Bedürfnisse eines Wanderarbeiters.

Bildung und einen gut bezahlten Job.
Markenklamotten und das neueste Smartphone.
Bedürfnisse eines Jugendlichen.

Vielleicht reden wir über hunderte Millionen
Menschen in China.
Oder in Indien.

   ***

Den Kindern ein Studium ermöglichen und Urlaub machen.
Einen günstigen SUV und neue Tapeten im Haus.
Bedürfnisse eines Ehepaars.

Ein Studium in den USA und ein selbstbestimmtes Leben.
Den Eiffelturm sehen und eine neue Spielkonsole.
Bedürfnisse junger Menschen.

Vielleicht reden wir über Menschen in zig Ländern
Menschen in Osteuropa.
Oder in Südamerika.

   ***

Endlich Frieden haben und bitte ein gemäßigtes Klima.
Ein Solarpanel für Strom und einen neuen Fernseher.
Bedürfnisse der Erwachsenen in einem kleinen Dorf.

Endlich Frieden haben und zur Schule gehen können.
Ein Solarpanel für Strom und ein Smartphone.
Bedürfnisse der Kinder in einem kleinen Dorf.

Vielleicht reden wir über fünfhundert Millionen Menschen
Menschen in Afrika.
Oder in Teilen der arabischen Welt.

   ***

Eine geringe Inflation und eine gesicherte Rente.
Endlich mal Urlaub in der Südsee und eine Wärmepumpe.
Bedürfnisse der Erwachsenen.

Klimaschutz und Work-Life-Balance.
Die neue Spielekonsole und Tickets für ein Konzert.
Bedürfnisse der jungen Erwachsenen.

Vielleicht reden wir über ein hundert Millionen Menschen
Menschen in Nordamerika.
Oder in Westeuropa.

   ***

Hallo! Du! DU un:global denkender Mensch.
Hallo! Du! DU empathie:loses Besserwissendes.
Schau! Schau genau hin! In den Spiegel.

Auch bei dir kommt zuerst das Brechtsche Fressen.
Wenn bei dir der eine oder andere Groschen fällt.
Bei gebeugter Haltung siehst du nicht nach vorne.

Aber vielleicht ein Festkleben für das Klima.
Oder ein Protestieren gegen die Mehrheit.

   ***

Gemeinsam geht anders.
Gemeinsam geht zusammen.
Stelle deine Fragen global.
Akzeptiere du die Mehrheiten.
Du Minderheit.

Reichtum

Mann braucht keine teure Uhr,
um von anderen Menschen anerkannt zu werden.

Mann braucht kein großes Haus am Meer,
um im Kreis der Familie glücklich zu sein.

Mann braucht keinen Urlaub im teuersten Hotel,
um sich zu erholen.

Sprach er,
der sich das alles schon einmal geleistet hat.
Denn es hat ihm keine bleibenden Freuden gebracht.
Ein Hollywood-Streifen.

Frau braucht keine Tasche einer Luxusmarke,
um für andere Frauen sichtbar zu sein.

Frau braucht keinen reichen Mann,
um an dessen Möglichkeiten zu partizipieren.

Frau braucht keine aufgespritzten Lippen,
um im Alter jünger zu wirken.

Sprach sie,
die sich das alles vergeblich wünscht.
Denn sie hofft noch immer.
Ein Bollywood-Streifen.

(K)EINE PERSPEKTIVE

Du kommst mir zu nah.
Ich möchte Abstand zu dir haben.
Du machst mir Angst,
denn ich vertraue dir nicht.
Bitte höre mir zu.
Ich rede mit dir.
Du scheinst mich nicht ernst zu nehmen,
denn meine Worte zeigen keine Wirkung.

Ich komme dir nicht zu nah.
Du bist zu empfindlich.
Ich bin das Gute,
denn du hast es von mir gesagt bekommen.
Danke für deine Worte.
Ich habe diese gehört.
Bleib' ruhig und lass es geschehen,
denn meine Taten halt ich für richtig.

Eltern : Kinder

Was können sie dafür,
dass sie hier auf Erden sind?
Wurden sie zuvor gefragt
oder war es ohne ihr Zutun bestimmt?

„Sorgt für uns",
fordern die Eltern
und fühlen sich im Recht.
Ohne nachzudenken.

Die Kinder sorgen sich
und sorgen gut.
Ganz wie es sich gehört
und Sitte ist.

Es mag gut sein,
aber ein Recht ist es nicht.
Eltern verantworten sich
vor ihren Kindern.

AUGEN!BLICK

Die Kamera in beiden Händen.
Den Fokus ausgerichtet
auf den Kopf der Raubkatze.
Ein Ausatmen. Ein Einatmen.

Auge in Auge.
Ganz nah am Tier
durch das Teleobjektiv.
Ein Ausatmen. Ein Einatmen.

Der konzentrierte Blick.
Das Raubtier fixiert die Beute
und ich fixiere das Tier.
Ein Ausatmen. Ein Einatmen.

Spannung kommt in den Körper.
Die Raubkatze ist bereit zum Sprung
und mein Finger ist am Auslöser.
Kein Ausatmen. Kein Einatmen.

Der Augenblick ist gekommen.
Aufspringen und die Beute jagen
und auslösen und der Bewegung folgen.
Kein Ausatmen. Kein Einatmen.

Der Augenblick ist vorüber.
Die Beute ist entkommen
und meine Anspannung weicht.
Entspannt ausatmen. Entspannt einatmen.

Unvergessbar: dieser Augenblick.

GRILLWÜRSTE

Ein Tag.
Vielleicht ein Samstag.
Rasen gemäht. Sträucher geschnitten.

Eine Feuerstelle.
Vielleicht ist es bereits Abend geworden.
Holz anhäufen. Anzünden.

Es ist Nacht.
Die Flammen züngeln dem nächtlichen Himmel entgegen.
Holzstecken anspitzen. Grillwürste über's Feuer halten.

Gut.
Rauch und Duft gegrillter Würste steigt in die Nase.
Reinbeißen. Die Augen schließen.

Ich hatte einen schönen Tag!
Währenddessen an der Front
die gleichen Grillwürste roh verspeist werden.

AB HEUTE EINE FRAU

In stillen Nächten, tief in sich,
ein Mann erkennt, es ändert sich,
Gefühle, die schon lange waren,
die Gedanken – jetzt im Klaren.

Ein Spiegelbild, das fremd ihm schien,
sein Inneres wollt' längst entflieh'n,
die Zweifel weichen, Klarheit spricht,
ein neues Licht, das Herz durchbricht.

Der Weg ist steinig, die Angst sehr groß,
doch Mut erwacht, wie Frühlingslos,
er findet Worte, teilt ein Sein,
sein wahres Ich, nicht mehr allein.

Die Freunde staunen, manche fliehn,
doch Liebe bleibt, wo Herzen glühn,
Erkenntnis blüht, nun frei und klar,
ein Mann, der Frau im Innern war.

MEIN KIND

Mein Kind
höre meine Stimme.
Meinen Rat.

Mein Kind
spüre mein Dasein.
Für dich.

Mein Kind
vertraue mir.
Meiner Fürsorge.

Mein Kind
werde erwachsen.
Ich begleite dich.

Mein Kind
sei du selbst für dich.
Nicht für mich.

Mein Kind
sei ohne Sorgen.
Um mich.

Mein Kind
verantworte dich.
Vor deinen Kindern.

Mein Kind
sei frei.
Ich bin dir keine Last.

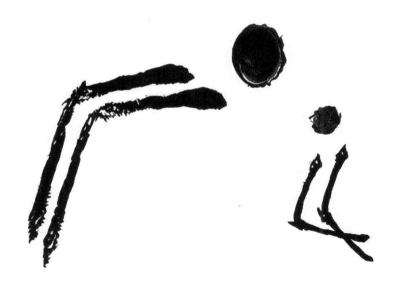

Freundschaft

FREUNDSCHAFT I

Freundschaft
fängt dort an
wo ich mir Zeit nehme
die ich glaubte
nicht zu haben.

Freundschaft
geht dort weiter
wo ich die Goldwaage
die ich liebe
nicht einsetze.

Freundschaft
hört nicht auf
wo räumliche Distanz
die ich hinnehme
nicht trennt.

Freundschaft:
Aussaat und Ertrag.
Eine Waage
im Gleichgewicht.

FREUNDSCHAFT II

Eine inspirierende erste Begegnung.
Wiederholungen, die sich gut anfühlen.
Eine zur Gewohnheit werdende gemeinsame Zeit.

Der erste Konflikt.
Das Resultat widersprechender Meinungen.
Betroffenheit in einer wichtigen Sache.

Das Gespräch gesucht und gefunden.
Die klaren Worte vermieden.
Einer gibt nach und ein Missverständnis bleibt.

Die Zeit vergeht.
Es ist nicht mehr, wie es schon gewesen ist.
Die Entfremdung nimmt ihren Lauf.

Heute ist Schluss.
Mein Blick zurück erkennt die Ursache.
Sie bleibt unerwähnt.

FREUNDSCHAFT III

Nach zwanzig Jahren ein Wiedersehen.
Viel Zeit ist vergangen.
Das ist den Freunden bewusst.
Erinnerungen und Dankbarkeit füllen den Raum.

Nach zwanzig Jahren ein Wiedersehen.
Es fühlt sich an, als wäre es gestern gewesen.
Die Freundschaft ist heil geblieben,
denn die Zeit hat ihr nichts anhaben können.

Wie eine Begegnung zweier alter, verbrüderter Elefanten.

FREUNDSCHAFT IV

Sage mir,
was du denkst.
Sage es mir so,
wie du denkst.

Lass mich antworten,
was ich dazu meine.
Lass mich so antworten,
wie ich es meine.

Widerspreche mir,
mit einem Argument.
Widerspreche mir so,
dass ich deine Freundlichkeit spüre.

Widerspreche mir,
mit einer Erfahrung.
Widerspreche mir so,
dass ich meine Erfahrungen gewürdigt sehe.

Im Ergebnis offen sein,
ohne zu misstrauen.
Im Ergebnis so offen sein,
dass wir gemeinsam eine Antwort finden.

Freundschaft V

Bei der Arbeit.
Freunde bei der Arbeit.
Die Arbeit meines Freundes.
Die Karriere meines Freundes in der Arbeit.
Mein Neid auf die Karriere meines Freundes.

Es bleibt mir viel Arbeit.

Freundschaft VI

Eine Freundschaft.
Ein Schlag
des Schicksals.

Betroffenheit.
Ein Blick
in mein Inneres.

Erleichterung.
Dass es mich
nicht ereilt hat.

Ausreden.
Damit ich
nicht helfen muss.

Selten.
Dass man sich
noch begegnet.

Flucht.
Vor Verantwortung
und der Mühe einer Freundschaft.

Erkenntnis:
Vertrauen missbraucht
und Freundschaft zerstört.

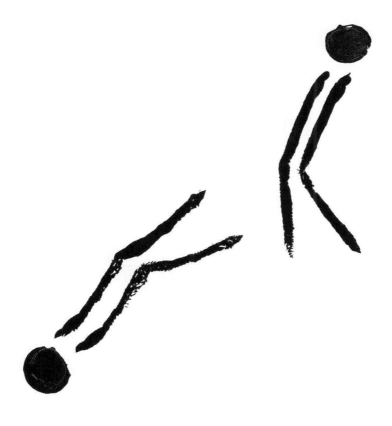

FREUNDSCHAFT VII

Freundschaft plus.
Modern.
Mehr als eine Zeiterscheinung.

Freundschaft plus.
Unverbindlich.
Knapp vor einer Bindung mit Anspruch.

Freundschaft plus.
Befriedigung.
Irgendwie eine schöne Zeit haben.

Freundschaft plus.
Versus.
Liebe und bekennende Loyalität.

Die Königin der Nacht
kann ein König sein.
Mit stechenden Dornen.

fliehender Friede

EXTREM : FRIEDLIEBEND

Ein Vorwurf.
Nicht gerechtfertigt.
Das Gegenüber hat es gewusst.
Gewusst, bevor der Vorwurf erhoben wurde.

Eine Unterstellung.
Nicht wirklich relevant.
Dahin gesprochen aus Langeweile.
Ohne Empathie.

Ein Betrug.
Der Schaden wiegt schwer.
Das Vertrauen wurde missbraucht.
Neid führte zu kriminellem Handeln.

Mein Ich kämpft.
Es kämpft mit sich selbst.
Soll ich an die äußerste Grenze gehen?
Der Nachsicht und Vergebung Raum geben?

Ist das zu extrem? – Zu extrem den Frieden liebend?

FriedensANstrengung

AUS geht immer.
Oder zu oft.
Oder sehr einfach.

AUS: sich Zeit zu nehmen.
AUS: zuhören zu wollen.
AUS: verstehen zu können.
AUS: den Diskurs zu suchen.
AUS: im Ergebnis offen zu sein.

Friede ist ANstrengend.
ANstrengung ist notwendig.
ANstrengung tut gut.
FriedensANstrengung.

Friedensarroganz

Medien.
Sind digital.
In unserer Zeit.

Presse.
Ist gewinnorientiert.
In unserer Welt.

Informationen.
Sind verstümmelt.
Ob unseres Desinteresses.

Erkenntnisse.
Bleiben verborgen.
Mangels Perspektivenwechsel.

Friede.
Er wird zum Ergebnis.
Zum Ergebnis mangelnder Ressourcen.

Ich.
Auf Reise mit einem Koffer.
Einem Koffer voller Selbstgefälligkeit.

Eigentlich wünsche ich mir Frieden.
Durch Einsicht und Vergebung.
Er bleibt schwer zugänglich – weil mühsam.

DEMOKRATIE

MENSCH
frei und selbstbestimmt
im Mindestmaß gebildet
mit zum Leben befähigendem Einkommen
seiner Pflichten und der Bedeutung bewusst

PARLAMENT
frei und durch freie Wahlen bestimmt
mit Eifer am Werk
dem Wohle des Volkes gerne verpflichtet
das Ohr bei den Menschen

REGIERUNG
mit Demut die Macht ausübend
sich dem Willen des Volkes beugend
bewusst das Parlament respektierend
aus Bescheidenheit persönlich Verzicht übend

MEDIEN
Die Berichterstattung im Blick
beständig differenzierend
eigene Meinung infrage stellend
kein Streben nach Ruhm

ICH SELBST
fordere von anderen
bestehe darauf
und sitze
im Ohrensessel der Dekadenz

Ein Gespräch am Rande

Ein Gespräch
am Rande
eines anderen Gesprächs
ist ein Gespräch.

Ein Gespräch
ist ein Austausch
von Gedanken
zu einem bestimmten Thema.

Ein Gespräch
Rede
und Gegenrede
sind ergebnisoffen.

Ein Gespräch
ist eine Essenz
unseres Menschseins
unverzichtbar.

Auf ein Gespräch
kann ich verzichten
mir reicht es
dass ich meinen Standpunkt habe.

Licht trifft Dunkelheit

Die Dunkelheit
will ignorieren
des Lichtes Existenz.

Als Licht tritt
in Erscheinung
ist Dunkelheit am End`.

Das Bös`
will absorbieren
des Guten Macht und Kraft.

Als Gutes
Wirkung zeigt
flieht Bosheit in die Nacht.

vom Reisen

Reisen I

Beim Reisen
Menschen sehen
nicht nur im Vorbeigehen
nicht nur als Bestandteil einer Show
VIELmehr
auf Augenhöhe und noch mehr

Beim Reisen
Menschen hören
nicht nur Einzelne einer Masse
nicht nur oberflächlich wahrgenommen
VIELmehr
mit ehrlichem Interesse

Beim Reisen
Menschen lieben
nicht aus Begierde und der Schönheit wegen
nicht um deren Anerkennung heischend
VIELmehr
weil offenherzig

Beim Reisen
von Menschen lernen
nicht aus Pflichtgefühl
nicht aus Opportunismus
VIELmehr
weil inspirierend

Meine Reisen
sind pauschal
inkludieren viel
kostengünstig
VIELmehr
die Enten klemme ich aus LEIDENschaft

Reisen II

Der Reisende
    aufmerksam
    demütig
    offen für Inspirationen
    wertschätzend
erhält die Chance
    nicht rassistisch zu denken
    versöhnend zu wirken
    die Schönheit im Kleinen zu erkennen
    der Vereinfachung zu widerstehen
    eine Hilfe zu sein
und bekommt eine Ahnung:

vom vierblättrigen Klee
des Menschseins.

REISEN III

Auf den höchsten Gipfel
steige ich.

Im teuersten Restaurant
esse ich.

Den weitesten Flug
fliege ich.

Die größte Elefantenherde
zieht an mir vorbei.

Meine Suite
ist die schönste.

Und der Butler
ist der beste.

Ich vergesse
ein jedes Mal:
Das Camping am See
ist keine Qual.

STILLE – AUF HOHER SEE

Der Suchende ist am Ziel,
kaum eine Welle unterm Kiel.
Das Auge fasst es kaum,
der weite Blick ist ohne Saum.

Er verliert sich in der Ferne
und, ja, ich wäre wirklich gerne
hier und dort zugleich.
Der Gedanke fühl' sich leicht.

Nichts hemmt die Sicht.
Nirgends ruft eine Pflicht.
Rundherum ist Stille.
Sanfte Wellen, wie mein Wille.

STILLE – IN DEN BERGEN

Hoch hinauf, so ging der Weg.
zuerst ein Bach, dann folgt ein Steg
und schließlich der Anstieg bis zum Gipfel
hoch oben, ich schau über alle Wipfel.

Fester Halt auf hartem Fels.
Mit einer Hand am Kreuz – mich hält's.
Zeit für einen weiten Blick.
Nein, nicht zurück.

Vielmehr sucht das Auge die Ferne
Und ich hätt' ihn gerne
Den Adlerblick von oben
Ich bin mir sicher: es würde sich lohnen.

Doch anstatt Sensationsdrang und Ehr',
erfüllt Demut mich von innen her.
Meine Leistung steht nicht mehr im Mittelpunkt.
Gott sei Dank! Ich bin gesund

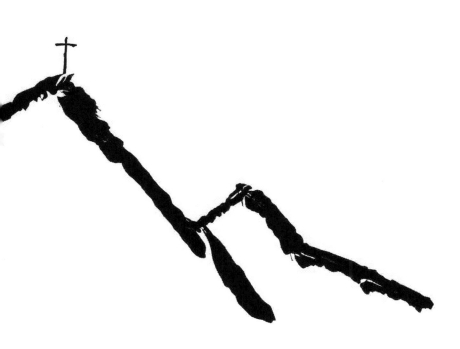

Ein Zwischenruf

Ein Zwischenruf

Es ist der Lyrik eigen, Subjektives durch den ökonomischen und in irgendeiner Weise ästhetischen Einsatz von Worten zum Ausdruck zu bringen. Ein einladender Sprachrhythmus ist gleichzeitig ein Willkommensgruß an den Lesenden. Mittels dieses Rhythmus entsteht eine Bindung zwischen dem Rezipienten und dem geschriebenen oder vorgetragenen Wort. Eine bewusste Unterbrechung der fließenden Worte ermöglicht ein Innehalten und kann ein Impuls zum Aufhorchen sein.

In der Lyrik können Gefühle, Stimmungen oder Gedanken ihren Ausdruck finden. Insofern ist es ein schönes Ergebnis, wenn sich dem Lesenden eine für das Leben nützliche oder das Leben reflektierende Anregung erschließt.

Zur Diskussion gestellt:

Darf oder soll – vielleicht auch muss – Lyrik mehr sein, als akrobatisch oder verspielt aneinandergereihte Wörter? Untergräbt es das Potential von Gedichten, wenn Lyrik verfassende Menschen gedrängt von empfundener Selbsterhöhung oder aus Langeweile zum Stift oder zur Tastatur greifen? – Ich bin mir nicht sicher. Ich bin mir nicht einmal sicher, ob *mein* Schreiben frei von Eitelkeit ist.

Lassen Sie mich eine Hypothese aufstellen: Die Lyrik kann dort Menschen dienen, wo ein ehrliches Anliegen vorgetragen, eine gemachte Erfahrung authentisch geteilt oder ein Ratschlag ergebnisoffen ihren Ausdruck findet.

Sinn hat die Lyrik dann, wenn Menschen durch das Lesen etwas Nachdenkenswertes erhalten. Sie ist dann auf besondere Weise relevant, wenn sich ein Mensch schlussendlich durch die Lektüre verändert. Dabei kann die Lyrik die Vielfalt der Worte nutzen – und den Lesenden liebevoll berühren, mit Nachdruck auffordern, durch Ironie einen Spiegel vorhalten oder freudig motivieren.

Mein Anspruch an mich selbst: Lyrik muss beim Lesen fließen. Ja, gerne über Steine – aber es braucht den Fluss der Worte. Sinn soll nicht zwischen einer Unzahl von Kieselsteinen versiegen.

Dieser Lyrikband will mit pragmatischen, den Sinn angemessen zügig offenlegenden Gedichten und Anordnungen von Worten gelassen und freundlich Nachdenkenswertes beitragen. – Die Worte sollen fließen.

Freundlichst
Ralf M. Ruthardt

SCHUSS INS KNIE

Lyrik gleicht dem Knie.
Bewegung. Fortgang.
Ein Ziel erreichen.

Der Autor schießt.
Mit Ignoranz. Mit Arroganz.
Mir Lesendem ins Knie.

Schmerzhaft schlägt die Patrone ein.
Metaebenen. Noch mehr Metaebenen.
Ich gehe nicht wieder durch finsteren Wald.

meine unbestimmte
Reflexion zur Lyrik

Reflexion I

Lyrik.
Wirkt.
Wenn kurz & am Punkt.

Lyrik.
Erdrückt.
Wenn Worten Tonnen umgehängt.

Lyrik.
Vergrault.
Wenn ohne Sinn.

Reflexion II

Der Reim ist mühsam,
weshalb man ihn beiseite lässt.
Man behandelt ihn als Kram,
schlimmer als die Pest.

Ist es die Faulheit,
sich die Mühe zu machen?
Lyrik ist doch Freiheit,
bringt Worte zum Erwachen.

Ob dessen ist der Reim
für ein geflissentliches Lesen.
Indes des Sinnes Heim,
ist nicht in jedem Fall gegeben.

Ein Aufschrei ist willkommen,
sollte denn Logik fehlen.
Ein Widerspruch ist unbenommen,
denn die Argumente zählen.

Reflexion III

Besserwissen versus Erfahrung.
Ich nehme dankend die Erfahrung.
Erfahrung lässt mich teilhaben.

Aufdrängen versus Impuls.
Dankend nehme ich den freundlichen Impuls.
Impulse inspirieren mein Nachdenken.

Selbstdarstellung versus Empathie.
Empathie nehme ich dankend.
Ich fühle mich ernst genommen.

Worte dienen dem Menschen:
Erfahrungen zu teilen.
Impulse zu setzen.
Menschen ernst zu nehmen.

Meine Worte sind elend.
Dürre am Nil.

Reflexion IV

Eine Einladung
zur Lyrik
ist ähnlich einer Einladung
der Sonne:

Photosynthese.
Der Traubenzucker des Lebens.

Reflexion V

Lies langsam
diese Zeilen.
Nimm dir Zeit,
um zu verweilen.

Die Hektik trägt Gedanken
zu schnell fort.
Suchst du sie,
sind sie an anderem Ort.

Langsam lesen
damit des Dichters Worte,
deinem Denken
eine Pforte.

Reflexion VI

Bedeutungsvoll geschrieben.
Frei von Wirkungsmächtigkeit.
Gesehen werden wollen
in Erwartung von Anerkennung.

Die selbst verfassten Worte.
Wie Botox.
Für die Selbstsicht
des Schreibenden.

zum Schluss

Mensch sein

Mensch sein.
Mensch sein lassen.
Menschen.
Ein Meer von Blumen
inmitten des Grüns einer Wiese.
Frühsommer.
Der Kleingärtner
führt seinen Rasenmäher spazieren.
Seine Freude.
Exakt gekürzt auf drei Zentimeter.
Ein Rasen.

Hühner sind auch Zweibeiner

Bescheid wissen
nicht ohne genaue Betrachtung.
Behauptung aufstellen
nicht ohne den Beweis.
Sagen, was zu tun ist,
nicht ohne Ahnung haben.

Gackernde Hühner
im überfüllten Stall.
Soziale Wesen können
zwei Beine haben.

Eine Anmerkung

Eine Anmerkung

Bedarf es einer Rechtfertigung oder einer im Voraus erbrachten Entschuldigung, wenn man ohne ein Studium der Germanistik und ohne eine anderweitige literaturwissenschaftliche Bildung einen Lyrikband veröffentlicht? – Zu dieser Frage habe ich – was mich betrifft – keine Antwort. Jedenfalls hat mir das Schreiben viel Freude bereitet und die Gespräche mit fachkundigen Lektoren sind mir eine Hilfe gewesen.

Mit meinen schriftstellerischen Werken möchte ich einen Beitrag zum freundlichen Diskurs leisten. Ob Lyrik, Romane oder Kurzgeschichten: Menschen wahrnehmen. Mich selbst reflektieren. Beobachtung, Analyse und Erkenntnis in Worte fassen. Es ist eine sehr schöne und erfüllende Tätigkeit.

Ich bin dankbar für die Möglichkeit des freien Wortes.

Nun bedanke ich mich bei Ihnen, liebe Leserinnen und Leser. Ihr Feedback und Ihre Gedanken zu den Gedichten sind mir willkommen.

Kontakt:
Ralf M. Ruthardt
E-Mail: feedback@edition-pjb.de

https://ruthardt.de
https://edition-pjb.de

INHALT

MEIN VORWORT · 9
Worte im Fluss · 11

EINFACH MENSCH SEIN

Am Punkt · 15
Mitleid · 17
Respekt – Moral – Intelligenz · 19
Selbstbestimmung rettet · 20
Wahrnehmung im Alltag · 22
Gedanken – Worte – Taten – Sein · 25
Zuerst · 26
Vier Jahreszeiten · 28
Vertrauen · 31
MENSCH@global · 32
Reichtum · 36
(K)eine Perspektive · 39
Eltern : Kinder · 41
AUGEN!BLICK · 42
Grillwürste · 45
Ab heute eine Frau · 47
Mein Kind · 48

FREUNDSCHAFT

Freundschaft I · 53
Freundschaft II · 54
Freundschaft III · 57

Freundschaft IV · 58
Freundschaft V · 61
Freundschaft VI · 62
Freundschaft VII · 65

FLIEHENDER FRIEDE

EXTREM : friedliebend · 69
FriedensANstrengung · 71
Friedensarroganz · 72
Demokratie · 75
Ein Gespräch am Rande · 77
Licht trifft Dunkelheit · 79

VOM REISEN

Reisen I · 82
Reisen II · 84
Reisen III · 87
Stille – auf hoher See · 89
Stille – in den Bergen · 90

EIN ZWISCHENRUF

Ein Zwischenruf · 95
Schuss ins Knie · 97

MEINE UNBESTIMMTE REFLEXION DER LYRIK

Reflexion I · 100
Reflexion II · 103
Reflexion III · 104
Reflexion IV · 106
Reflexion V · 108
Reflexion VI · 111

ZUM SCHLUSS

Mensch sein · 114
Hühner sind auch Zweibeiner · 115

EINE ANMERKUNG

Eine Anmerkung · 118

»Samstags bringe ich dir Worte«

Über Freundschaft, Krankheit und die Kraft der Erzählung

Paperback | eBook

Moritz erleidet einen Schlaganfall und hat dafür eigentlich gar keine Zeit: Er ist im Job erfolgreich, im Ehrenamt engagiert, als Mann und Vater geliebt – und zudem erst Mitte 50. Die Auswirkungen sind verheerend: Moritz' Gehirn bleibt geschädigt, sein Sprachvermögen und Kurzzeitgedächtnis sind gestört. Er kommt in den geschützten Bereich eines Pflegeheims.

Max Grund, sein Jugendfreund, besucht ihn dort fast jeden Samstag. Er ist für Moritz da – aber unsicher, wie er die Besuche gestalten soll. Wie sich mit jemandem unterhalten, der kaum mehr spricht? Wie eine gemeinsame Vergangenheit aufleben lassen, wenn einer sich nicht mehr gut daran erinnert? Wie sich »richtig« verhalten in einer Umgebung, die von Krankheit geprägt ist? Max hat schließlich eine ungewöhnliche Idee, wie er mit Moritz wieder eine Verbindung aufnehmen kann …

Eine berührende Erzählung über das, was Freundschaft ausmacht – an guten wie an schlechten Tagen. Eine einfühlsame, Mut machende Geschichte für Zeiten, in denen das Schicksal zuschlägt.

»WortFarben«
Farben. Freuden. Lyrik.

Paperback | eBook

Das Schreiben mit einem Pinsel ist – bildhaft gemeint – ein einzigartiges und bereicherndes Erlebnis. Dieses Bild charakterisiert die Gedichte von Ralf M. Ruthardt in diesem Lyrikband. Einzigartig. Bereichernd. Ein Erleben. – Farbenfrohe Worte, die Menschen verbinden.

Mit kreativer Leichtigkeit sind die Worte auf das Papier gebracht. Eine bunte, fröhliche und verbindende Wortreise rund um den Globus. Als Illustrationen dienen vierfarbige Fotografien Ralf M. Ruthardts – diese Motive von Pinsel-Ensembles wirken gleichsam wie Stillleben.

Ralf M. Ruthardt

WortFarben

Eine lyrische Reise um die Welt

Edition PJB

»Das laute Schweigen des Max Grund«

Hardcover | eBook | Hörbuch

Das Hörbuch erhalten Sie auf Spotify, Audible und auf vielen weiteren Plattformen, die Hörbücher anbieten.

Max Grund ist ein Bürger wie du und ich. Er hat Sorge, dass der politische Diskurs in Deutschland die Gesellschaft entzweit. Viele Menschen haben sich ins Private zurückgezogen.

Für Max Grund als Unternehmer sind es schwere Zeiten. Er macht sich viele Gedanken und sucht vergeblich die geeignete Bühne, auf der er Gesellschaftskritik fair anbringen kann.

Im Alltag lehnt sich Max auf gegen eine politische und mediale Belehrung. Es sind beispielsweise seine Argumente und Fragen zur Energiewende, zur Migrationspolitik, zu einer drohenden Deindustrialisierung und sein Wunsch nach Frieden in Europa, die ihn mehr und mehr in Bedrängnis bringen. – Am Ende zahlt er einen hohen Preis: seine Freiheit.

Ralf M. Ruthardt hat diesen Roman auf der Frankfurter Buchmesse 2023 präsentiert.

Seine konstruktive gesellschaftspolitische Auseinandersetzung findet sich in vielen Punkten von der Aktualität bestätigt.

> Ein Roman ganz nah an den Menschen, positiv und konstruktiv im Grundton. Dieses Buch regt zum Nachdenken an. Es tut gut, es zu lesen.
>
> **Prof. Sigmund Gottlieb**
> ehem. Chefredakteur des Bayerischen Fernsehens

Mehr Informationen zum Autor:
https://ruthardt.de

»Mensch sein – Mensch bleiben«

Über offene Kühlschranktüren, Schuputzer, die im Staub sitzen und uns Menschen

Paperback | eBook

Ja, das Menschsein ist nicht einfach. Ob es schön ist, liegt da und dort an uns selbst. Diese Sammlung von Kurzgeschichten greift Situationen des Alltags auf und bringt Unausgesprochenes zur Sprache. Zudem werden nicht alltägliche Begegnungen in das Licht unserer Wahrnehmung gerückt. Ironie und der Ralf M. Ruthardt eigene Erzählstil sorgen für unterhaltsame und des Nachdenkens werte Momente. Zum scheibchenweisen Lesen oder am Stück. Die Lesefreude wird auf jeder Seite zu finden sein.

»Ungewöhnlich. Kurzweilig. Lesenswert.«
Nickolas Emrich | SPIEGEL-Bestseller-Autor